Charles MORICE

Le Christ de Carrière

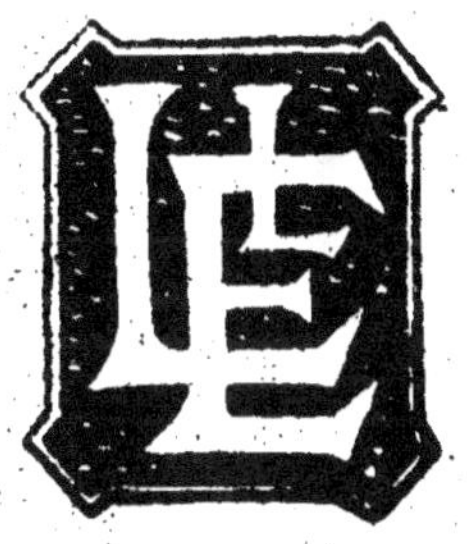

Edition de la Libre Esthétique
1899

Charles MORICE

Le Christ de Carrière

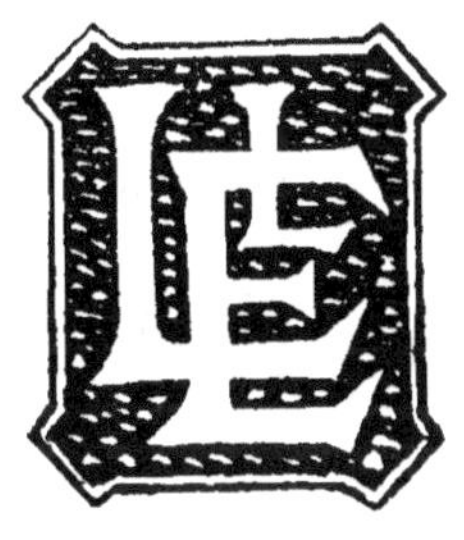

Edition de la Libre Esthétique
1899

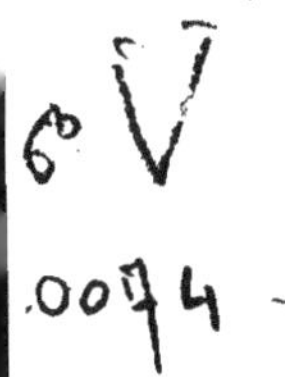

Il a été tiré 100 exemplaires sur Hollande Van Gelder
numérotés de 1 à 100
pour les Membres protecteurs de la Libre Esthétique
et 100 exemplaires sur vélin.

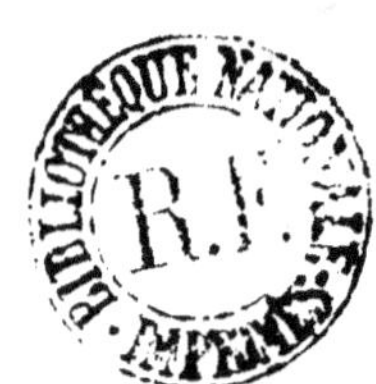

Conférence faite par M. Charles Morice au Salon de la Libre Esthé-tique le 9 mars 1899.

A

Jean Dolent

Au début d'un entretien dont un tableau fait le sujet, quelques mots sur la critique d'art ne vous paraîtront peut-être pas hors de propos.

Il y a la critique technique. C'est l'affaire de gens sérieux et calmes. Ils démontent froidement les œuvres ; ils parlent du Beau, du Divin, sans passion. — Je les salue de ma stupeur. Dans une œuvre émouvante ils me font observer que l'*humerus* est trop court, le *cubitus*, trop long ; ils savent les lois, les règles, les canons ; ils possèdent tout un lexique et d'abondants recueils de locutions appropriées à leur genre de parler et d'écrire ; ils disent : coup de brosse, pleine pâte, etc. Ils disent ces choses-là gravement, ils les écrivent soigneusement et sèchent leur encre avec la poussière des bibliothèques et des musées. Ils sont, du reste, si studieux, qu'ils n'ont jamais eu le temps de regarder la

vie. — Les fenêtres, dans les bibliothèques et les musées, sont,
à l'ordinaire, plus haut placées que n'atteint la stature humaine.

Il est vrai, les tableaux — j'entends ceux des grands artistes
— sont eux-mêmes des fenêtres largement ouvertes sur la vie,
sur la vie réelle, profonde, telle qu'ils l'ont vue au miroir magique
de leur âme. Le génie n'est peut-être que le don de sentir person-
nellement et de communiquer universellement le frisson de la
vie, du miracle infini de la vie ordinaire. Il suffirait donc de
regarder avec des yeux simples, sincères, nus de souvenirs, le
tableau d'un vrai peintre pour y reconnaître une entre les plus
poignantes péripéties de notre destinée, — oui, poignante toujours (regardez bien !) et même à travers la grotesquerie de Bosch
ou l'élégance de Watteau.

Ce n'est pas ainsi que le critique d'art regarde. Il n'a pas les
yeux nus. Il sait tout ce qu'on peut apprendre et c'est dans sa
mémoire qu'il habite, dans sa mémoire encombrée de chefs-
d'œuvre dont il ignore le sens, mais dont il connaît avec exacti-
tude les dates, les secrets de facture, les fautes, les omissions, les
« repentirs », les taches. Cet homme judicieux est recherché des
experts. Le poète et l'artiste le fuyent. — Pour mon propre
compte, j'aime ailleurs.

Il y a la critique scientifique. Ses visées sont plus hautes, plus
respectables en conséquence, mais également stériles et encore
moins gaies. Cette critique analyse, classe, catalogue, étiquette.
Elle a aussi son jargon. Elle atteste le milieu, l'hérédité, que
sais-je ! Elle laisse entendre qu'elle se croit infaillible et se donne
pour la seule légitime propriétaire de la vérité. Voilà une cinquan-
taine d'années qu'elle rend des arrêts, et, au bout de ce long
espace de temps, on s'aperçoit qu'elle n'a rien produit de posi-

tif, sauf d'ingénieux et fragiles échafaudages de systèmes arbitraires, et, j'allais l'oublier, une notable contribution à la somme du vieil Ennui. Ce résultat, du reste, ne la décourage point; elle se dément et se déjuge avec un admirable désintéressement.

C'est encore ailleurs que j'aime. Est-ce à dire que je méconnaisse dans l'œuvre d'art sa signification sociale, *collective*, — aspect, le seul, auquel la critique scientifique daigne s'arrêter? Espérez pour moi que non! Je crois même que ce vœu essentiel et suprême de la société — *l'instauration d'une* CONSCIENCE COLLECTIVE — doit à l'artiste et à l'œuvre d'art ses plus sûrs gages d'accomplissement... (Et pardonnez-moi de ne pas m'arrêter comme il conviendrait, sans doute, à une idée dont les développements naturels déborderaient le cadre d'une conférence; nous y reviendrons, en concluant, par une allusion, et il était nécessaire qu'elle s'inscrivit d'abord, fût-ce vaguement, dans vos esprits...)

Mais, si je ne méconnais pas l'importance sociale de l'œuvre d'art, je ne crois pas que la méthode du critique scientifique lui permette d'apprécier cette importance avec justesse et avec équité. Ce critique écrit avec un scalpel. — « Il ne faut disséquer que les morts », disait Alfred de Vigny. Or, l'œuvre d'art est un être, organisé, personnel et à jamais vivant. Cherchez en elle le signe d'une époque, l'expression d'un esprit et de toute une classe d'esprits; vous y trouverez tout cela; mais il y a encore autre chose. Poème, tableau, sculpture, symphonie, — l'œuvre ne reste pas confinée au livre, à la toile, au marbre, aux instruments par lesquels, un jour, elle surgit à la vie extérieure. Née d'une individualité humaine, qui était elle-même en relation avec l'infini de l'humanité présente et passée, l'œuvre se propage, depuis ce jour, et grandit à travers d'autres et innombrables unités, et les modifie et les transforme dans des proportions que les sciences précises ne pourront jamais estimer. Aussi, de cette part si considérable de la vie personnelle d'une œuvre d'art la science fait abstraction. Elle a besoin d'un objet fixe et prétend le trouver dans l'œuvre même et en elle-même, au moment de son apparition. Mais là encore je refuse à la science les conditions qui lui sont indispensables pour asseoir un jugement et je la renvoie, soit au domaine de l'abstraction pure, soit aux choses, — aux grandes choses qu'on voit dans les cornues ou par les astrolabes. Et quand elle prétend apporter dans le monde agité de l'art ses procédés de précision mécanique, je me rappelle avec joie l'anathème que lui jetait, non pas un savant, mais un voyant, le poète Paul Verlaine : « Intruse », disait-il : « La science intruse dans la Maison ! » L'œuvre d'art, en effet, n'existe pas en elle-même ; la matérialité de son apparition n'est que le signe sensible de la relation de l'humanité avec l'infini ; l'humanité est, ici, représentée par un homme, mais cet homme a pour collaboratrice l'immense multitude des morts dont les voix se répercutent dans son cœur et dans sa tête avec tant de puissance qu'il est impossible de discerner rigoureusement son accent propre dans l'émission de sa propre voix. L'esprit qu'on croit le plus original est celui auquel aboutissent dans un même instant et avec le plus d'éclat les efforts obscurs de générations. Mille traits — inaperçus jusqu'alors parce qu'ils étaient épars, en se réunissant sur une seule tête la désignent, l'illuminent, et la cohue des ombres humaines acclame cette exceptionnelle clarté vivante. Pourtant, cette clarté est faite des milliers d'étincelles que mille autres ombres, disparues, portaient en elles à leur insu. Le grand geste radieux par lequel le génie extériorise sa gloire n'est que l'achèvement d'innombrables petits gestes, timides, incertains, ébauchés jadis ou hier par des mains innombrables aussi, maintenant inanimées.

C'est le nombre de ces mains que je défie la science de fixer.

Et il y a plus. Il n'y a pas, dans l'action d'un homme de génie, seulement le désir exalté des races parvenant à l'accomplissement. Il y a aussi le retentissement indéfiniment prolongé de l'action des autres hommes de génie. Comment leur échapper? Leur pensée hante l'air que nous respirons, et il n'est pas même besoin de les avoir lus, ou vus, pour être leur tributaire. Leurs œuvres sont loin de nous, mais, eux, ils nous accompagnent partout où nous allons; vivants en nous, ils habitent nos imaginations, ils nous disputent nos inventions. Il arrive qu'ils nous les reprennent. Car l'auteur lui-même et même ses contemporains peuvent s'y décevoir; mais, si l'œuvre qu'on proclame **nouvelle** — au sens fort du mot — est influée de Shakespeare, tôt ou tard à Shakespeare elle sera rendue.

C'est la valeur, la portée, la mesure de ces influences du génie sur le génie que je défie la science de fixer. Quand elle nous aura, d'une délicate incision de scalpel, nettement montré — dans cette vivante résultante d'incalculables forces, elles aussi vivantes, qu'est une œuvre d'art — ces facteurs à la fois si considérables et si impondérables, alors nous connaîtrons une critique d'art scientifique. En attendant, nous continuerons à traiter de plaisanterie pas drôle l'exorbitante prétention que ces mots expriment.

La seule critique d'art légitime et peut-être utile — à laquelle je voudrais aujourd'hui m'élever — a plus d'orgueil et moins de vanité.

C'est à propos d'elle qu'un grand penseur, Ernest Hello, a dit : « Nul ne peut juger que ce qu'il domine. » — Mais ce penseur chrétien trouvait dans un dogme la cime de certitudes d'où il abaissait son regard sur les œuvres et les hommes. Ce point de vue — immensément étroit, si j'ose ainsi dire — a presque toujours faussé en lui le sens critique.

En principe, sa parole n'en est pas moins, et même évidemment, vraie. Oui, certes ! Dans le domaine de l'esprit comme dans celui de la nature, c'est haut qu'il faut monter si l'on veut regarder loin, jouir d'un ensemble dans l'harmonie de ses parties ; il faut se reculer de l'orchestre et monter, pour échapper aux brutalités des cuivres ; il faut se reculer du paysage et monter, pour échapper aux exagérations des premiers plans. Et cette obligation n'est pas spéciale à celui qui ose écrire sa pensée en marge de l'œuvre d'autrui ; l'auteur aussi, l'auteur, même et d'abord, de l'œuvre y est astreint. Pour voir clair et loin dans les pensées et les sentiments d'où va naître le poème, il faut que le poète les domine des suprêmes hauteurs de sa sensibilité, de ce sommet intérieur, tout vibrant d'infini : l'Idéal.

Eh bien ! c'est de ce sommet aussi, le même, unique et divers, que la critique peut dériver sur les œuvres en paroles de vérité. C'est au nom seulement de son idéal que le critique peut « dominer » et « juger ». C'est de la comparaison de son idéal avec celui de l'artiste qu'il peut espérer quelque jaillissement de clarté.

— Eh ! quoi ? un idéal, c'est-à-dire un sentiment personnel, peut-il être pris pour « critère » (comme on s'exprime aujourd'hui) de certitude ? — Cherchez mieux ! et songez : c'est par l'Idéal que les esprits communiquent le plus intimement entre eux, c'est dans ces hauteurs que l'individuel rejoint l'universel. Par un phénomène mystérieusement significatif, quand une grande intelligence parvient à formuler ses « différences » les plus caractéristiques, à dégager sa propre inconnue, elle trouve, dans ce fond le plus caché de son âme, dans son rêve secret, une conception d'un sens très généralement humain et que l'humanité tout entière tôt ou tard reconnait et s'approprie comme son personnel bien.

Et c'est pourquoi la critique des poètes — moins informée que la critique technique? moins grave que la critique scientifique?— est la seule féconde. Elle élève les questions en les simplifiant; elle est éprise de vérité humaine; elle s'inspire de l'Amour. Juge-t-elle? Elle dit : J'aime et voici pourquoi; ou : Je hais et voici pourquoi. Domine t-elle? Elle parle au nom d'une conception générale et de certitudes personnelles du haut desquelles une supériorité lui reste en face de telle œuvre, expression aussi d'une conception générale et de certitudes personnelles, mais fragmentées et peut-être compromises par la réalisation. Dit-elle toujours vrai? — Même ses erreurs sont précieuses; ce sont autant de sincères efforts vers le sens réel et supérieur des choses, et comme elle sait cette vérité essentielle (que l'œuvre d'art est le trait lumineux d'union qui rejoint l'homme à l'infini), ses erreurs ne peuvent guère être que partielles et sans graves conséquences.

Et comment procède-t-elle?

Eugène Carrière, comme tous les vrais créateurs, fut longtemps ignoré, puis réprouvé par les distributeurs officiels de renommée. Quand, après des années de dures luttes, il sortit enfin de pair, on n'eut pas assez de railleries, en bons lieux, pour cette peinture « grise, brumeuse et fuligineuse », disait-on. Cela blessait les yeux lavés au flot de la mode et de la rue. Les petits journaux et les grands ateliers firent, à ce sujet, quelque dépense d'esprit : « D'où vient cette buée?... Ouvrez la fenêtre : la cheminée fume... » — Ceux que la mauvaise humeur ou la mauvaise foi ne rendaient pas tout à fait aveugles, qui refusaient encore d'acclamer sans toutefois s'obstiner à nier, se retranchaient dans ce demi-déni de justice : « Ça vient des musées. »

Les clairvoyants — et j'aime à citer entre ceux-là celui qui fut, en effet, dans cette rencontre, le premier à *voir*, mon ami Jean Dolent — répondaient : « Ça vient de la vie. »

Enfin, le nom de Carrière fut bientôt expressif des plus purs désirs d'art et le mot de ralliement d'un beau combat. Le logique développement de l'artiste, à chaque saison l'affirmation grandissante de sa maîtrise, la preuve faite et refaite de sa science, de la lucidité de sa vision, des harmonieuses ressources de sa conception et de son exécution, — rien ne désarmait les sévérités. Vinrent les imitateurs, et ce ne furent pas les moindres ennemis du maître, car ils le copiaient par les surfaces et dénaturaient en procédé le don d'un tempérament ; volontiers, dans leur innocence, ils lui eussent reproché de ne pas leur livrer le secret d'une vision juste et d'une ardente sensibilité.

Il est pourtant dans tous les ouvrages de Carrière, ce grand secret. Je me souviens des premières toiles qui, dès le début, lui valurent les malveillances étonnées des feuilletonistes du Salon, — le tableau de la *Première Communion*, la petite toile des

Dévideuses... Le grand secret y était déjà, — comme il est dans les *Maternités*, comme il est dans le *Théâtre populaire*, comme il est dans ce *Crucifiement*.

Peu à peu, la persévérance du peintre découragea les partis pris. Un à un les ennemis déclarés mirent au dénigrement une sourdine d'abord; puis la plupart se turent; quelques-uns se rallièrent. Enfin, le nom et l'œuvre s'imposaient au respect. — Les moins sots, entre les pauvres gens dont le métier est de « faire de l'esprit », sottisèrent à d'autres trousses.

Carrière n'a plus de détracteurs, aujourd'hui, que ceux qu'il faut avoir, en Belgique, je pense, comme en France. La jalousie des professionnels et l'incompréhension des inattentifs sont choses internationales. Gardons-nous, toutefois, comme d'une des pires formes de l'ingratitude, d'accorder l'indulgence d'un sourire à l'incompréhension et à la jalousie. Tant pis pour ceux qui, devant une page émouvante comme le Christ de Carrière, cherchent des « mots »! Tant pis pour eux, surtout, s'ils les trouvent!

On a su donner à ce tableau, dans ce Salon, par la place même qu'il y occupe, un sens. Comme l'observait dans un journal de Bruxelles un écrivain de goût, il est bien que ce Christ soit là pour bénir, au lointain, les *Moissonneurs* du grand sculpteur Constantin Meunier. Ces deux tableaux, ces deux sculptures font une harmonie, échangent une réciprocité d'efforts, semble-t-il, et d'arguments au service de la même vérité, et témoignent de préoccupations communes, contemporaines, — instinctives peut-être ici, là raisonnées sans doute, ici et là jaillies des profondeurs d'une songeuse et pensive et sensible humanité.

Le Christ, en croix. Sur un fond de crépuscule insondable, trouble et tragique, et pourtant doux et majestueux, où de vagues formes, comme d'un monde qui commence ou qui s'achève,

rament des clartés grises et rousses, confusément, — le supplicié,
mort, apparaît; et près de lui se tient la femme douloureuse.
Qu'y a-t-il, là? De blancs rayonnements émanent d'un corps
inanimé; et de la nuit enveloppe la forme vivante. Avec un art
tel que celui-ci, qui simplifie non pas dans le but de faciliter
l'expression, mais afin de l'approfondir, nous n'avons, pour
comprendre, qu'à nous laisser guider, docilement, par les indi-
cations formelles. Qu'y a-t-il, là? — Il y a, je vois bien, la Mort
et la Douleur. Mais que signifient-elles? Ce tableau est religieux,
a-t-on dit, « un des plus religieux qu'ait produit l'école française
contemporaine ». — Oui, certes, *religieux!* Mais comment faut-il
entendre ce mot? Nous le donne-t-on pour synonyme de chrétien?
Est-ce que Carrière est chrétien?

Interrogeons son œuvre.

— Et pourquoi pas lui-même?

— Lui-même aussi, nous l'interrogerons, mais avec prudence,
nous souvenant, à propos, de cette parole de Ruskin : « Dès le
moment qu'un homme sait réellement faire son œuvre, il devient
muet sur elle; tous les mots lui deviennent inutiles, toutes les
théories... Est-ce qu'un oiseau fait des théories sur la construction de son nid? »

Et pourquoi, en effet, demanderions-nous au peintre des paroles?
Son langage est celui des couleurs et des lignes. Sachons voir et
écouter, regarder et entendre. Selon notre tempérament, sans
doute, et avec l'inévitable complicité de nos préférences, mais
avec aussi le soucieux respect d'une Vérité en soi, et sans oublier
que « la meilleure part de toute grande œuvre est toujours inex-
plicable » (1), tâchons d'interpréter.

(1) Ruskin.

vrai, avec une puissante faculté rêveuse qui transforme, en les transperçant de toute la pénétration d'un regard extraordinairement aigu, les premières apparences des choses. C'est d'une sorte exemplaire que cet artiste monte — comme nous disions tout à l'heure — au sommet de ses pensées, de son idéal, de son être intérieur, pour de là dominer la nature afin de l'obliger à confesser ses secrets. Par la logique d'une anologie révélatrice et d'un symbolisme clair, ce recul qu'il s'impose à lui-même, il nous l'impose. Comme c'est dans les fonds qu'il regarde et qu'il voit, c'est de loin qu'il nous commande de regarder, si nous voulons voir.

Par là son art assume l'obligation d'être décoratif. L'artiste n'a le droit de s'emparer de l'espace qu'à la condition de l'orner.

Les œuvres de Carrière nous montrent en lui un esprit passionné, à la fois inquiet et ferme, réfléchi et spontané, épris du — A cette obligation Carrière ne manque pas. On peut concevoir un art décoratif tout autre que le sien. On n'en peut concevoir de plus essentiellement décoratif. De tous les coins d'une salle où une œuvre de lui fut placée, nous sommes requis par elle, obstinément, impérieusement. Elle bénéficie de l'éloignement; ses grandes lignes simples, puissantes, se composent comme une architecture naturelle, à distance, et en même temps — par un sortilège qui lui est propre — l'intensité de l'expression paraît s'accroître avec l'éloignement. Ainsi, dans les images de ce peintre, les lignes, les formes, l'attitude, le geste des figures est *le commentaire décoratif de leur intention expressive* — conception d'art, si je ne me trompe, merveilleusement opportune « à une époque qui survit à la Beauté », selon le mot de Stéphane Mallarmé, du moins dans le décor de la vie extérieure, de la vie quotidienne; car, aussi loin que rayonne l'activité de nos ingénieurs (et elle va loin !) la nature est salie, et je ne parle pas de nos villes, hélas! où j'ai parfois regretté de n'être pas aveugle. Reste le charme plaintif du corps et du visage humain, de la figure humaine. Carrière la prend et la recompose, la modèle avec les hardiesses heureuses d'un art où la peinture emprunte volontiers les ressources de l'architecture et de la statuaire, et qui donne à ses créations l'imposante unité d'un monument. — J'imagine, je crois voir que leur voisinage est cruellement gênant pour les œuvres des autres peintres. — Ainsi s'expliquent bien des haines confraternelles.

Mais ces qualités, Carrière les partage avec les maîtres qui vont le plus droit au plus profond des sensibles foules humaines. Ces foules sentent, en outre, vibrer dans l'âme de cet artiste un immense amour pour l'humanité, pour la vie humaine, pour la vie simple et vraie d'une humanité grandiosement populaire.

Carrière, en effet, est, peut-on dire, du peuple, princièrement. Une de ses plus rares vertus consiste en une toute personnelle aristocratie populaire, si ces mots, et pourquoi pas? peuvent être associés. Ses visages sont de *l'espèce*, mais ils sont surtout du *genre*. Humains, ils s'affirment tels par les traits mêmes, majestueusement simplifiés, qui assignent à l'homme son rang dans la nature et parmi les animaux. Les mères qu'il nous montre, à leur tendresse passionnée mêlent souvent une sauvagerie d'amour qui fait songer à l'ardeur même de la terre dans ses invincibles expansions d'avril. On sent que, pour lui, les lignes sont visibles, à travers la mystérieuse atmosphère de la vie, qui rejoignent entre eux les êtres; pour lui, l'arabesque n'est pas interrompue qui fait des membres d'une famille un être unique, un tout harmonieux. On sent que ces bras maternels, où les enfants sont si étroitement serrés, ne dénoueront jamais complètement leur

étreinte. Je sais telle mère endormie, tenant son enfant dans ses
bras; le sommeil n'a pas effacé des traits la pensée elle-même, la
préoccupation vigilante, l'inquiétude; le sentiment s'y est fixé
dans comme une attente du réveil qui ne tardera pas, — et la
main qui tient le petit corps serré ne s'est pas endormie. L'enfant
reste corporellement uni à la mère; il vient d'elle comme elle va
à lui et la ligne des deux formes est unique; unique aussi la
ligne des pensées et des sentiments à travers les divers états de
veille et de sommeil, d'angoisse ou d'apaisement. — L'artiste
a-t-il voulu précisément marquer sur ce visage les sollicitudes
maternelles, la terreur constante et instante des mille dangers
qui menacent le petit être? Elle y est, cette sollicitude, cette
terreur et avec bien d'autres secrètes complications, avec tout ce
qui échappe à l'analyse, avec l'indécomposable synthèse de toute
la vie elle-même, avec les graves et les légères, avec les prostrantes
et les consolantes péripéties qui concertent ce drame religieux de
la Maternité.

Religieux, ai-je dit. Oui, et inévitablement nous sommes
amenés à proférer ce mot, à propos de l'art de Carrière. Les
maternités qu'il retrace avec tant d'amour et de vénération ont
tout l'auguste caractère des saintes familles traditionnelles.

Seulement, il n'y a pas d'auréole autour du front de la Mère et
de l'Enfant.

Voyez le tableau qui est au Luxembourg. — Une femme, dont
les grands traits, simples et spiritualisés par l'amour, font penser
aux divines Passantes de la Bible, tient un enfant sur ses genoux,
dans un bras, et de l'autre bras elle serre un autre enfant, qu'elle
baise avec passion. — Dans le fond, d'autres enfants encore,
assez peu indiqués, assez pour ne pas trop distraire du groupe
principal notre attention. Au mur, l'or, bien éteint, de cadres.

Le tout, au delà des premiers plans, vers l'instant où les formes, encore toutes réelles, très modelées, vont devenir sommaires, pour n'arrêter le regard à nul détail avant qu'il se soit pris au sujet même du drame intime, — le tout va vers le rêve de la vie, alors que les aspects immédiats s'estompent, se dégradent, s'harmonisent autour d'un sentiment principal, — le chant, le thème de la symphonie vitale.

Carrière a réuni dans cette composition quelques-unes des recherches incessantes de son esprit et de son regard. Ceux qui connaissent ses dessins cursifs en retrouvent ici le résultat synthétisé, dramatisé. C'est en l'étudiant quand elle ne pose pas qu'il a surpris les secrets de la vie intime exprimée par un geste involontaire, qu'il a compris l'unité composite de toutes ses manifestations, comment elle se diversifie toujours sans jamais se démentir, comment s'enchaînent tous ses mouvements, comment se révèle du même coup la circulation du sang et des pensées, comment *tout vient de tout et rejoint tout*, comment l'unité de chaque sentiment concorde toujours avec l'unité de la construction naturelle. — Un détail important : les mains, chez Carrière. Je n'en sais d'aussi vivantes, d'aussi expressives, que dans les chefs-d'œuvre de quelques préraphaélites. Elles s'agitent, elles caressent, prient, défendent, attirent, retiennent, elles palpitent, elles sont toujours en mouvement, en frémissement. Et, si fines ! si délicatement déliées ! elles semblent à peine posséder plus de consistance que l'air léger où elles vivent, où elles vont, croiraiton, se continuer dans les souplesses ténues et solides de la ligne qui part d'elles pour atteindre aux autres formes vivantes et les enveloppe.

Je vois bien qu'un tel art est religieux. Je ne vois pas qu'il soit chrétien. Et quelle est donc sa religion ? — La Religion de la Vie — ou, si vous préférez, le culte de l'humanité, dans l'Infini.

Carrière sait que l'Infini habite, vivifie et relie les apparences limitées. Chacune d'elles, tout en consistant essentiellement en sa forme, reste assez flottante aux contours pour que la grande ligne de la vie se poursuive à travers la variété des corps et se résolve en une parfaite et souveraine unité. Ainsi, — de même que, dans un visage, l'harmonie générale résulte d'une multitude de détails dont chacun emprunte aux autres éléments de l'ensemble un caractère significatif, — les lignes et les couleurs d'un corps sont sensibles aux lignes et aux couleurs d'un autre corps, et la même vibration, avec un accent personnel à chacun d'eux, se communique aux profondeurs de tous les êtres. — C'est ce que je nommais, en commençant, le *miracle de la vie ordinaire.*

Ce miracle, en saisir la beauté, voilà le désir de Carrière. C'est la flamme de ce désir qui donne à toutes les œuvres de ses mains tant de force harmonieuse. Un visage, peint par ce peintre, dans le recul où il le maintient, semble toujours surgir d'une invisible foule : apparition !

Et, toutes, ces apparitions ont entre elles ce caractère commun qu'elles viennent — contraintes par l'autorité despotique de l'évocateur — avec tremblement, tangentes et frôlantes à l'horizon réel, confesser ce qu'elles sont elles-mêmes frémissantes de voir pour la première fois : leur vérité intime !

Pour dire cette vérité, Carrière la dégage de toutes circonstances éventuelles, ne la recherche que dans ses manifestations nécessaires. C'est pourquoi il se plaît à surprendre la vie aux heures de douleur et d'amour où elle ne peut songer à mentir. Sur ses maternités, ses « saintes familles », ne sentez-vous pas que la mort plane, et la souffrance ? que la mère a le torturant souci de toutes les possibilités noires, et qu'elle se réfugie, pour leur échapper, dans son amour même — d'autant grandi, purifié, consacré? L'insouciance de l'enfant souligne du nécessaire contraste cette douleur. Et pour dire ces choses qui sont au bord de la vie, vous étonnez-vous qu'on choisisse l'instant où elles vont disparaitre, où elles ne gardent plus de visibles que les traits indispensables de leur individualité ?

C'est une sorte de mort pour les yeux, ce crépuscule lointain, — et tout ce qui meurt dit vrai. Le visage qui s'efface vers l'ombre, l'être qui s'échappe vers la tombe rentrent l'un et l'autre dans l'infini, et, dans ce passage, dépouillent les conventions qui les masquaient.

Écoutez, là-dessus, — puisque j'ai promis de l'interroger après son œuvre, — le peintre lui-même. Voici la préface qu'il écrivit pour le catalogue d'une exposition :

« Dans le court espace qui sépare la naissance de la mort, l'homme peut à peine faire son choix sur la route à parcourir, et à peine a-t-il pris conscience de lui-même que la menace finale apparait.

« Dans ce temps si limité, nous avons nos joies, nos douleurs ; que du moins elles nous appartiennent ; que nos manifestations en disent les témoignages et ne ressemblent qu'à nous-mêmes.

« C'est dans ce désir que je présente mes œuvres à ceux dont la pensée est proche de la mienne. Je leur dois compte de mes efforts et je les leur soumets.

« Je vois les autres hommes et je me retrouve en eux. Ce qui me passionne leur est cher.

« L'amour des formes extérieures de la nature est le moyen de compréhension que la nature m'impose.

« Je ne sais pas si la réalité se soustrait à l'esprit, un geste
étant une volonté visible! Je les ai toujours sentis unis.

« L'émouvante surprise de la nature aux yeux qui s'ouvrent
sous l'empire d'une pensée enfin voyante, l'instant et le passé
confondus dans nos souvenirs et notre présence... tout cela est
ma joie et mon inquiétude.

« Cette mystérieuse logique s'impose à mon esprit. Une forme
résume tant de forces concentrées!

« Les formes qui ne sont pas par elles-mêmes, mais par leurs
multiples rapports, tout, dans un lointain recul, nous rejoint par
de subtils passages; tout est une confidence qui répond à mes
aveux et mon travail est de foi et d'admiration. »

Cette page, peut-être, justifie ce que j'ai essayé de dire du sentiment si vif, chez Carrière, de l'ininterruption des lignes et des
sentiments vivants. Cet artiste — qui se retrouve dans les autres
hommes, qui voit la réalité unie à l'esprit, l'instant et le passé
confondus dans une présence, une concentration de forces dans
une sensation, qui attribue la seule réalité des formes à leurs
multiples rapports, — a le sens, évidemment, de l'universelle
solidarité des êtres et des choses, et c'est, à coup sûr, un mystique.

Mais en quoi, jusqu'à ce crucifiement, ce mysticisme se montre-
t-il chrétien?

Ce serait une belle histoire à écrire, celle de l'idée christique à
travers les fastes et les époques de la sculpture et de la peinture.
On verrait, chez les premiers artistes, cette idée apparaître d'abord
sous les espèces purement divines. On verrait ses gardiens jaloux,
les prêtres, veiller attentivement à la conservation rigoureuse,
intégrale, de la légende sacrée, lui sacrifier l'indépendance de

l'artiste, et la beauté de l'œuvre, et, pour tout dire, l'art lui-même. On trouverait dans un secret et prévoyant désir de s'opposer d'avance à toute altération du type légendaire l'origine de l'étrange tradition qui représentait Jésus comme un homme très laid, comme « le plus laid des hommes », disent certains pères de l'Eglise.

Mais, avec les siècles, la passion chrétienne des larmes et la joie de souffrir s'émoussent. L'amour de la vie se réveille et l'humanité a découvert la nature. Un rayon de soleil pénètre dans l'ombre austère des cathédrales. Van Eyck (pour rester en pays flamand) ouvre dans les ténébreuses églises romano-byzantines la petite lucarne de ses paysages. Cela semble bien peu de chose — tout le mal est déjà fait ! Cette petite lucarne, c'est la fissure irréparable, pratiquée au flanc du grand navire mystique : par là s'évaporera l'encens funèbre du moyen-âge et pénétrera le flot immense, invincible de la vie. — Cent ans passent, et les Romanistes rapportent de Rome et de Florence la grâce vive, sensuelle, italienne des madones. Le Christ reste douloureux, mais il n'a déjà plus cette maigreur affreuse, ce réalisme divin, effrayant, des Gothiques, et sa mort n'est plus la mort d'un Dieu. — Cent ans encore : voici Rubens ; le Christ est un homme puissant et beau ; voici Van Dyck ; le Christ est un homme noble et fin.

Du fantôme formidable des époques de foi — le souvenir est perdu, perdu à jamais. Et ce n'est pas l'art chrétien d'aujourd'hui (j'entends la peinture et la sculpture et l'imagerie que patronnent les chapitres et les fabriques paroissiaux), ce n'est pas cet art niais, froid et sucré qui les retrouvera.

Carrière non plus ne l'a pas trouvé.

Il ne l'a pas cherché.

Ce Christ est humain, et cette femme qui le pleure n'a pas de surhumains recours... Je me trompe : il est divin, de toute la beauté de son sacrifice. Elle est divine aussi, parce que sa douleur est sans bornes. — Cet homme n'est pas un malfaiteur, son visage est noble et la couronne d'épines atteste sa royauté. C'est un sacrifié. Celle qui pleure sur lui pleure sur une victime, non pas sur un coupable. — Quoi ! Un innocent sacrifié ! Oui, et il célèbre et consacre par sa mort volontaire cette loi éternelle de la nécessité des sacrifices purs. — Ah ! je veux bien que ce tableau soit un tableau d'église : le tableau votif de l'église future où l'humanité célébrera les rites du culte de l'idéal, ce fond immuable, éternel, de toutes les changeantes religions.

Et cette église, quelle sera-t-elle ?

Je me rappelle, devant celui-ci, un autre tableau de Carrière : ce *Théâtre populaire*, exposé au Champ-de-Mars, il y a quatre ans, et qu'on vit à Bruxelles deux années plus tard. — Le théâtre, dans les faubourgs, est un des lieux du monde où l'on puisse le mieux étudier sur les visages l'expression des émotions. — On ricane souvent, dans les théâtres mondains, et quelquefois on pleurniche ; mais dans le faubourg ouvrier on rit et on pleure franchement. Avec le rideau qui se lève, le visage du spectateur naïf se dépouille des grimaces empruntées ; tout à l'heure, c'était un employé, un commis, et la livrée de son métier infligeait à sa physionomie et à son attitude quelque chose de conventionnel. Mais le drame commence, et, devant ce débat d'amour et de haine, le commis et l'employé sont devenus des hommes. Peu importe, n'est-ce pas, la valeur littéraire de la pièce ; les gens qui sont là n'y entendent point malice, et c'est de la Vie qu'il s'agit pour eux, de la Vie et de la Mort. C'est dans sa propre

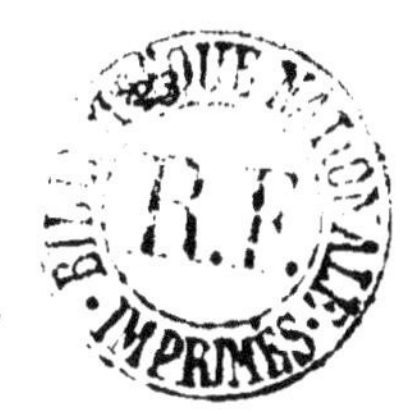

âme, exaltée par un instant d'héroïsme ou de douleur (d'abnéga-
ion personnelle aussi, car elle ne craint point pour elle-même),
que cette foule humaine regarde. Tout à l'heure, quand le rideau
sera retombé sur la scène, banalités et vulgarités retomberont
aussi sur cette âme. Mais maintenant les attitudes ont une singu-
lière noblesse. Il y a de ces corps, demi-penchés sur le gouffre
invisible de la scène, qui semblent des cariatides antiques sup-
portant un poids vénérable avec leurs mains crispées aux balus-
tres. Et que voit-elle donc, cette foule, sur cette scène, ou plutôt
dans son âme? Et que parlais-je, tout à l'heure, de la valeur littéraire de la pièce? Il est vrai, jusqu'ici le Peintre nous avait caché le
drame. Mais enfin, le voici! C'est, n'en doutez pas, ce dialogue
sublime du dévouement héroïque et de la douleur inconsolable,
— c'est ce Christ en croix, ce Christ humain, et cette femme
éplorée — ce Christ humain, plus grand qu'un Dieu! Car le Dieu
sait qu'en mourant il sauve le monde, et l'homme n'a pas de certitude. Sa dernière pensée, son affreuse dernière pensée a été,
peut-être, une conviction désespérée de l'inutilité de son sacrifice.

Voilà — c'est la tragédie suprême de notre destinée — ce que
cette foule regarde, et voilà pourquoi cette foule est si grande.
Elle participe de ses larmes à la sanglante effusion d'un holo-
causte qui est aussi une apothéose, et elle s'élève au-dessus d'elle-
même de par la noblesse que lui confère l'intensité du drame.
Elle a cédé au conseil du poète, et de toutes ces âmes une âme,
une conscience collective s'est formée, qui s'exalte et s'extasie,
avec le douloureux héros, à la joie du sacrifice.